# TODO
# *lo que Dios*
## TIENE
## PARA TI

# TODO
# *lo que Dios*
# TIENE
# PARA TI

## MAX LUCADO

Vida®

*La misión de Editorial Vida es ser la compañía líder en satisfacer las necesidades de las personas con recursos cuyo contenido glorifique al Señor Jesucristo y promueva principios bíblicos.*

**TODO LO QUE DIOS TIENE PARA TI**
Edición en español publicada por
**Editorial Vida – 2012**
**Miami, Florida**

**©2012 por Editorial Vida**

Originally published in the USA under the title:
**You Can Be Everything God Wants You to Be**
**©2010 by Max Lucado**
Published in Nashville, Tennessee, by Thomas Nelson.
Thomas Nelson is a trade mark of Thomas Nelson, Inc.
ALL RIGHTS RESERVED

Traducción: *José Ruiz*
Edición: *Silvia Himitian*
Diseño interior: *Cathy Spee*

ISBN: 978-0-8297-6035-4

CATEGORÍA: Vida cristiana / Crecimiento espiritual

IMPRESO EN ESTADOS UNIDOS DE AMÉRICA

Printed in China

18 19 20 21 22 23/DSC/10 9 8 7 6 5

*«Porque yo sé muy bien los planes que tengo para ustedes.*

... PLANES DE BIENESTAR Y NO DE

CALAMIDAD,

**A FIN DE DARLES UN FUTURO**

**Y UNA ESPERANZA».**

JEREMÍAS 29:11

# CONTENIDO

# ENCUENTRA TU
# *Punto óptimo*

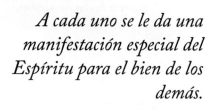

*A cada uno se le da una manifestación especial del Espíritu para el bien de los demás.*

1 CORINTIOS 12:7

«PUNTO ÓPTIMO». Los jugadores de golf entienden esa expresión, y los tenistas también. ¿Alguna vez le pegaste de lleno a una pelota con un palo de béisbol o con una paleta de ping-pong? Si lo has hecho, sabrás lo agradable que resulta encontrar el punto óptimo.

Uno da con esos preciosos centímetros y ¡cataplúm! La tecnología colectiva del universo propulsa la bola hacia la órbita, y uno se queda atónito. El brazo no duele, la pelota no rebota. Es como si tu novio recordara las fechas especiales, como si la devolución de los impuestos llegara antes de lo previsto, y el auxiliar de vuelo te pasara a primera clase. La vida en su punto óptimo es como bajar una colina en bicicleta con viento a favor.

Pero no es necesario un bate o un palo de golf para experimentar esta sensación. Lo que los ingenieros han desarrollado para los equipamientos deportivos, Dios te lo ha dado a ti. Existe una zona, una región, un recinto que fue creado para que morásemos en él. Dios talló el contorno de nuestra vida para que encajara en uno de los espacios vacíos de su rompecabezas. La vida tiene un sentido especial cuando uno encuentra su punto óptimo. ¿Pero cómo lograrlo? ¿A dónde acudir? ¿Qué píldoras solicitar, qué clase tomar, o qué comercial mirar? ¡Nada de eso!

Simplemente es preciso explorar

NUESTRA SINGULARIDAD.

# Da Vinci pintó la Mona Lisa.

*Tu talento revela tu destino*

Beethoven compuso la Quinta Sinfonía. Y Dios hizo una versión única de ti. Él te diseñó a medida para una misión excepcional. Explora como un buscador de oro las pepitas singulares de tu vida.

Cuando yo tenía seis años, mi padre construyó una casa para nosotros. Las revistas de arquitectura no le prestaron atención, pero ten por seguro que mi madre sí. Él la edificó, tablón por tablón, todos los días después del trabajo. A pesar de mi juventud, mi padre no tuvo reparos en encomendarme una tarea. Me colocó un delantal de carpintero en la cintura, puso un imán en mis manos y me mandó a patrullar la zona de construcción deslizando mi imán a unos pocos centímetros del suelo.

Con solo echarle un vistazo a mis herramientas cualquiera podría adivinar cuál era mi trabajo: recolector de clavos perdidos. Del mismo modo, solo echándole una mirada a las tuyas, podríamos establecer lo mismo. Ladrillo por ladrillo, vida por vida, Dios está creando un reino, una «casa espiritual» (1 Pedro 2:5). Él te encomendó una tarea esencial en el proyecto. Examina tus herramientas y descúbrela. Tu talento revela tu destino. «El que habla, hágalo como quien expresa las palabras mismas de Dios; el que presta algún servicio, hágalo como quien tiene el poder de Dios. Así Dios será en todo alabado por medio de Jesucristo» (1 Pedro 4:11). Cuando Dios te encomienda algo, él también te da la aptitud para realizarlo. Examina tus aptitudes para que te revelen tu misión.

Mírate a ti mismo. Considera lo fácil que te resultan los números; o tu curiosidad incansable por la química. Hay quienes se aburren observando planos, pero tú los miras y se te cae la baba. «Fui creado para hacer esto», dices.

Presta atención a esa música interna. Nadie más la oye de la forma en que tú la percibes.

# ENCUENTRA TU
## *Singularidad*

*A uno le dio cinco mil
monedas de oro, a otro dos
mil y a otro solo mil, a cada
uno según su capacidad.*

MATEO 25:15

EN ESTE MISMO MOMENTO, en otra sección del edificio de la iglesia en la que estoy escribiendo, hay niños pequeños que exploran sus herramientas. Puede que a ti y mí las clases preescolares nos suenen disonantes, pero Dios oye una sinfonía.

Un niño de cinco años se sienta ante una mesa llena de pinturas de colores. Rara vez habla. Sus compañeros de clase hace rato que han guardado sus dibujos, pero él contempla el suyo. Los colores le resultan irresistibles. Se maravilla de la paleta de verde calipso, azul marino y púrpura real. Con su obra maestra en las manos, corre hacia mamá y papá, ansioso de mostrarles su Picasso de jardín de infantes.

Su hermana, en cambio, se olvida el dibujo. Ella no quiere perder el viaje de regreso a casa hablando de dibujos. Ella relatará historias de historias. «¡La profesora nos contó un nuevo cuento hoy!». Y no hará falta insistir para que lo cuente.

A otro niño le tienen sin cuidado las historias y los dibujos, pero le interesan los otros niños. Él se pasa el día con una expresión que comunica: «¡Oigan, escúchenme!». Parado al frente de la clase, pone a prueba la paciencia de la maestra. A él le encanta acaparar la atención, despertar reacciones. Su tema parece ser: «Hazlo como yo. Ven conmigo. Probemos esto».

# ¿Actividades sin sentido a una edad insignificante?

¿O rasgos sutiles de virtudes ocultas? Yo me inclino por la segunda opción. Puede que aquel niño callado, fascinado por el color, llene algún día los muros de la ciudad con murales. Es posible que su hermana escriba un guión o dé clases de literatura a curiosos estudiantes de una escuela mixta. Y es probable que el pequeño que recluta seguidores hoy, en su momento haga lo propio en nombre de un producto, de los pobres, o incluso de su iglesia.

¿Qué hay de ti? Nuestro Creador nos encomienda una tarea, «a cada uno según su capacidad» (Mateo 25:15).[1] Según llama, él capacita. Considera tu pasado. ¿Qué es lo que has hecho bien con constancia? ¿Qué es lo que siempre te ha gustado hacer? Colócate allí donde convergen tus afectos y tus éxitos, y encontrarás tu singularidad.

Tú la posees, tienes una chispa divina.[2] Un llamado excepcional a una vida excepcional. «A cada uno se le da una manifestación especial del Espíritu para el bien de los demás (1 Corintios 12:7). La excusa «Yo no tengo nada que ofrecer» no sirve en absoluto. ¿Acaso el apóstol Pablo dijo, «El Espíritu nos ha dado a algunos...», o, «El Espíritu nos ha dado a unos cuantos de nosotros...»? ¡No! «El Espíritu nos ha dado a cada uno de nosotros una manifestación especial para el bien de los demás». Basta de auto denigrarnos diciendo: «Yo no puedo hacer nada». Tampoco es sano el extremo opuesto de «Yo lo tengo que hacer todo». ¡No, no tienes que hacerlo todo! Tú no eres la solución de Dios para la sociedad, sino una solución en la sociedad. Imita a Pablo, que declaró: «Nos limitaremos al campo que Dios nos ha asignado según su medida» (2 Corintios 10:13). Dilucida cuál es el aporte que puedes hacer.

# MAGNIFICA
## *a tu Hacedor*

*A cada uno se le da una
manifestación especial
del Espíritu para el bien
de los demás.*

1 CORINTIOS 12:7

NO TE PREOCUPES por las aptitudes que no posees. No codicies las virtudes que otros tienen. Limítate a descubrir tu singularidad. «Por eso te recomiendo que avives la llama del don de Dios que recibiste» (2 Timoteo 1:6). Y para eso…

## HAZ DE DIOS LA PRIORIDAD DE TU VIDA

«Porque todas las cosas proceden de él, y existen por él y para él» (Romanos 11:36) ¿El aliento que acabas de tomar? Dios te lo dio. ¿La sangre que ha bombeado tu corazón? Dale el crédito a Dios. ¿La luz con la que lees y el cerebro con el que procesas la información? Dios te ha dado ambas cosas.

Todo procede de él…y existe por él. Nosotros existimos para manifestar a Dios, para demostrar su gloria. Servimos como lienzos para sus pinceladas, pliegos para su pluma, tierra para sus semillas, reflejos de su imagen.

Los seguidores ataviados con camisetas del equipo de fútbol americano Texas A&M nos sirven de ejemplo. Tras la tragedia del 11 de septiembre de 2001, muchos estadounidenses buscaron la oportunidad de demostrar patriotismo y solidaridad. Cinco estudiantes tomaron la iniciativa. Designaron el siguiente partido de fútbol americano que jugaran como locales como un acontecimiento rojo, blanco y azul. Su estrategia fue vender camisetas a cada uno de los setenta mil seguidores. El Estadio Kyle se transformó en una bandera humana de los Estados Unidos gracias a la colaboración de los hinchas que estaban en la tercera grada vestidos de rojo, los de la segunda, vestidos de blanco, y los de la grada inferior vestidos de azul. Esa imagen fue la fotografía de tapa de todos los periódicos de todo el país.[3]

¡Eso fue verdaderamente sensacional! ¿Con cuánta frecuencia se ve un afiche publicitario compuesto por miles de personas que transmita un mensaje tan único y poderoso? Dios nos formó para que hiciésemos eso por él. Él no distribuye camisetas, sino virtudes. No envía a la gente a los asientos de las gradas sino a desempeñar una misión con sus vidas: «Ve a tu lugar. Desarrolla tus capacidades».

La mayoría se niega a hacerlo. Unos pocos cooperan. Nosotros aceptamos el presente, pero desatendemos su propósito. Aceptamos el regalo, gracias, pero ignoramos al Dador y fomentamos el egoísmo. Es más, a algunos de nosotros se nos conoce como los que van y vienen por los pasillos exclamando: «¡Hey, mírenme a mí!»

¿Necesitas una explicación acerca de la anarquía en el mundo? Acabamos de leerlo. Cuando tú colocas tus dones en el centro del escenario, y yo hago alarde de mi imagen y a nadie le importa honrar a Dios, ¿puede sorprendernos que se arme un caos?

*Dios nos concede dones para que lo demos a conocer a él.*

Dios nos concede dones para que lo demos a conocer a él. Punto. Dios dota al corredor olímpico con velocidad, al vendedor con desparpajo, al cirujano con destreza. ¿Para qué? ¿Para que obtengan medallas de oro, contratos de venta, o cuerpos sanos? Solo en parte.

La gran respuesta es elaborar una gran lista de las cosas que podemos hacer dedicadas a Dios. Anunciarlas. Proclamarlas. «Cada uno ponga al servicio de los demás el don que haya recibido, administrando fielmente la gracia de Dios en sus diversas formas… Así Dios será en todo alabado» (1 Pedro 4:10-11).

Vivamos de modo que para él «sea la gloria y el poder por los siglos de los siglos. Amén» (1 Pedro 4:11). Manifiesta a Dios en toda su excelencia. Cuando tú engrandeces a tu Creador con tus dones, cuando tus contribuciones enriquecen la reputación de Dios, tus días se hacen cada vez agradables. Y para endulzar tu mundo en verdad, utiliza tu singularidad de modo que hagas de Dios…

LA PRIORIDAD DE TU VIDA.

TÚ LA POSEES,
TIENES UNA *Chispa divina*

# TU LABOR ES
## *Importante*

*Y todo lo que hagan, de palabra o de obra, háganlo en el nombre del SEÑOR Jesús, dando gracias a Dios el Padre por medio de él.*

COLOSENSES 3:17

EL CALENDARIO DEL CIELO tiene siete domingos por semana. Dios se sacrifica cada día. Él hace negocios santos a todas horas y en todo lugar. Él convierte lo ordinario en algo extraordinario, transformando los fregaderos de la cocina en santuarios, las cafeterías en conventos, y los días laborables en aventuras espirituales.

¿Los días laborales? Sí, los días laborables. Él decretó que tu trabajo era algo bueno. Antes de darle a Adán una esposa o un hijo, incluso antes de proporcionarle prendas para vestirse, Dios le encomendó a Adán un trabajo. «Dios el Señor tomó al hombre y lo puso en el jardín del Edén para que lo cultivara y lo cuidara» (Génesis 2:15). La inocencia, no la indolencia, caracterizó a la primera familia.

Dios considera el trabajo conforme a sus propios mandamientos inscriptos en las tablas de piedra: «Trabaja durante seis días, pero descansa el séptimo. Ese día deberás descansar» (Éxodo 34:21). Nos gusta la segunda parte de ese versículo, pero el énfasis que se pone en el día de descanso puede llevarnos a eludir el mandamiento de trabajar: «Trabaja durante seis días». Ya sea que trabajes en casa o en el mercado, tu trabajo es importante para Dios.

Tu labor también es importante para la sociedad. ¡Te necesitamos! Las ciudades necesitan fontaneros. Las naciones precisan soldados. Los semáforos se averían. Los huesos se rompen. Nos hace falta gente que repare los primeros y fije los segundos. Alguien tiene que criar a los niños, cultivar caña, o hacerse cargo de los niños que arman alboroto.

## Ya sea que empieces el día conectándote a Internet o ataviándote para salir, estás imitando a Dios.

Jehová mismo trabajó los primeros seis días de la creación. Jesús dijo: «Mi Padre aun hoy está trabajando, y yo también trabajo» (Juan 5:17). Tu carrera consume la mitad de tu vida. ¿No debería servir para proclamar a Dios? ¿No pertenecen esas cuarenta o sesenta horas semanales a Dios también?

La Biblia nunca promueve la adicción al trabajo o al empleo como si fuese una medicina para el dolor. Sin embargo, Dios llama de forma unilateral a todos los físicamente capaces a cultivar los jardines que él da. Dios honra el trabajo, así que honra a Dios en tu trabajo.

«Nada hay mejor para el hombre que comer y beber, y llegar a disfrutar de sus afanes. He visto que también esto proviene de Dios» (Eclesiastés 2:24). Acabo de oír un quejido. «Pero Max,» alguien obje-

*El calendario del cielo tiene siete domingos por semana.*

ta, «¡Mi trabajo es simplemente eso, trabajo! Está allí para que pueda pagar las facturas, pero me adormece el alma». (Solo falta que leas unas cuantas páginas para que podamos ayudarte). «¿Satisfacción laboral? ¿No sería mejor decir supervivencia laboral? ¿Cómo puedo sobrevivir en un empleo en el que no encajo?» (Se me ocurren algunas ideas).

«No tengo ni la más ligera idea de cómo hacer para descubrir mis aptitudes». (Cuando termines el libro la tendrás).

Por ahora, esto es lo que importa:

*Utiliza tu singularidad (lo que tú haces) para hacer de Dios la prioridad (el por qué lo haces) de todos los días de tu vida (cuándo lo haces).*

En la intersección de los tres encontrarás la cura para la vida común: tu punto óptimo.

El punto óptimo. Tú posees uno, y lo sabes. Tu vida tiene una trama; tus años poseen un tema. Tú puedes hacer ciertas cosas de una manera en que nadie más puede hacerlas. Y cuando lo sepas y lo lleves a cabo, aparecerá tu punto óptimo. ¡Vamos a descubrir el tuyo!

# DESEMPACA
## *tu maleta*

*Los ha llenado de gran
sabiduría.*

ÉXODO 35:35

TÚ HAS NACIDO PRE ENVASADO. Dios contempló toda tu vida, determinó tu misión, y te dio las herramientas para que llevaras a cabo la tarea.

Antes de viajar uno hace algo parecido, considera las demandas de la travesía y coloca en la maleta lo más adecuado. ¿Clima frío? Empaca una chaqueta. ¿Reunión de negocios? Se lleva la computadora portátil. ¿Tiempo con los nietos? Lo mejor es incluir zapatillas deportivas y analgésicos.

Dios hizo lo mismo contigo. *José investigará la vida animal... instalar en él curiosidad. Margarita dirigirá una escuela privada... incorporar en ella una dosis extra de capacidad administrativa. Necesito a Eduardo para que consuele a los enfermos... incluir en él una medida saludable de compasión. Dolores se casará con Mario... investirla de una doble dosis de paciencia.*

«No dejemos que la vanidad nos lleve a irritarnos y a envidiarnos unos a otros» (Gálatas 5:26). Dios te hizo a propósito con un propósito. ¿Esto es nuevo para ti? Si es así, puede que hayas hecho mal tu valija.

Una vez tomé la maleta equivocada en el aeropuerto. El equipaje se parecía al mío. El mismo tamaño, idéntico material, color similar. Contentísimo de haber salido pronto de la catacumba de equipajes, saqué la maleta de un tirón de la cinta y me dirigí al hotel. Cuando llegué a mi habitación y la abrí, en un golpe de vista me di cuenta de que había cometido un error.

Talla, estilo y género equivocado. (Además, mis pantalones me quedarían demasiado cortos con tacones aguja). ¿Qué harías tú en ese caso? Una opción es arreglárselas con lo que uno tiene. Comprimirse dentro de un vestuario varios talles más pequeño, ataviarse con joyas del sexo opuesto, y llevar adelante la agenda planificada. ¿Pero lo harías? Solo a riesgo de perder el puesto de trabajo y pasar una temporada en la cárcel.

*Dios te hizo a propósito con un propósito*

No, uno habría rastreado su maleta, hecho algún reclamo por escrito, llamado al aeropuerto, a las líneas aéreas, al servicio de taxi, al FBI. Uno hubiera contratado detectives privados y sabuesos que siguieran la pista, e intentado por todos los medios encontrar a esa mujer que no puede hallar su maleta y se está preguntando a qué sujeto se le puede haber ocurrido tomar una valija sin verificar la etiqueta de identificación.

A nadie le gusta vivir con la maleta de otra persona. ¿Entonces por qué lo hacemos tan a menudo? Lo más probable es que alguien te haya forzado a ponerte la ropa de una maleta que no era la tuya.

Los padres suelen hacer eso. El padre coloca su brazo sobre los hombros de su hijo y le dice: «Tu bisabuelo era agricultor. Tu abuelo era agricultor. Yo soy agricultor. Tú, hijo mío, algún día heredaras esta granja».

Es posible que alguna profesora lo haya hecho. Le advierte a la jovencita que quiere ser ama de casa: «No desperdicies tus aptitudes. Con tus dones podrías llegar a la cima. Lo tuyo es el mundo profesional».

Muchas veces los líderes eclesiásticos asignan equipaje desde el púlpito. «Dios está buscando misioneros que deseen recorrer el mundo. Jesús era misionero. ¿Quieres agradar a tu Creador? Síguelo en la vocación sagrada. Pasa tu vida en el extranjero.

¿Es eso un consejo bueno o malo? Eso depende de lo que Dios haya puesto en la maleta de cada persona.

Heredar una granja bendice a la persona a la que le gusta la vida solitaria y la actividad física. ¿Pero qué pasaría si Dios hubiese dotado al hijo del agricultor con una pasión por la literatura o la medicina?

El trabajar fuera de casa puede que sea una gran opción para algunos, ¿pero qué pasaría si Dios hubiera puesto en aquella jovencita una pasión excepcional por los niños y por ser ama de casa?

Los que tienen vocación para aprender idiomas y emprender caminos deben escuchar sermones que promuevan el servicio misionero. Pero si las culturas extranjeras te frustran mientras que la previsibilidad te estimula, ¿serías feliz siendo misionero?

# NO TE JUNTES CON
## *La pandilla de los desganados*

*Donde no hay visión, el pueblo se extravía; ¡dichosos los que son obedientes a la ley!*

PROVERBIOS 29:18

ESTAS SON ALGUNAS PÉSIMAS ESTADÍSTICAS
de las que no querrás ser parte:

- La infelicidad en el trabajo afecta a una cuarta parte de la población activa de los Estados Unidos.[4]
- Una cuarta parte de los empleados considera que su trabajo es el motivo principal de estrés en su vida.[5]
- Siete de cada diez personas no están ni motivadas ni son competentes para realizar las tareas básicas que implica su empleo.[6]
- El cuarenta y tres por ciento de los empleados siente odio hacia otros empleados de manera frecuente o muy frecuente a consecuencia de sentir sobre sí un exceso de trabajo.[7]

# ¿Has percibido la fuerza que tienen estas cifras?

*¿Quién ha quitado el fulgor de tus días?*

¿Te sorprende que la gente que a diario conduce hasta su trabajo esté tan irritada? «Un rotundo setenta por ciento de nosotros vamos a trabajar sin demasiado entusiasmo o pasión».[8] La mayoría de los asalariados dedican cuarenta de sus ochenta horas semanales a recorrer las calles del desgano.

Tal miseria no sirve sino para amargar a las familias, colmar los bares, y pagar los sueldos de los terapeutas. Si el setenta por ciento de nosotros le teme a los lunes, sueña con los viernes, y se arrastra el resto de la semana, ¿no sufrirán nuestras relaciones? ¿No padecerá nuestra salud? Uno de los estudios expone que: «Los problemas que ocurren en el trabajo están mucho más asociados a asuntos relacionados con la salud que cualquier otro factor de estrés en la vida, incluso mucho más que los problemas financieros o familiares».[9]

Esas cifras pueden calificarse como una epidemia; una epidemia de monotonía. Alguien ha quitado la chispa de nuestros días. Una niebla persistente se ha asentado sobre nuestra sociedad, y semana tras semana la monotonía nos va minando la energía. La gente se dirige a su empleo arrastrando sus temores a la oficina. Los edificios están colmados de gente que trabaja para vivir en lugar de vivir para trabajar. Aburrimiento. Rendimiento mediocre.

# Dios te hizo a propósito CON UN

# PROPÓSITO

# Sé único

*En lo más profundo
de la tierra
era yo entretejido*

SALMO 139:15

¿CUÁL ES EL REMEDIO para salir y permanecer fuera del lugar del desgano? La receta de Dios empieza con desempacar la maleta que él nos dio. Tú saliste del vientre de tu madre con herramientas exclusivas. David lo expone de esta forma: «Mis huesos no te fueron desconocidos cuando en lo más recóndito era yo formado, cuando en lo más profundo de la tierra era yo entretejido. Tus ojos vieron mi cuerpo en gestación: todo estaba ya escrito en tu libro; todos mis días se estaban diseñando, aunque no existía uno solo de ellos» (Salmo 139:15-16).

Desmenucemos estos versículos juntos. David enfatiza el pronombre «tú» como diciendo «tú, Dios, y tan solo tú». «Lo más recóndito» sugiere un lugar oculto y seguro, escondido de intrusos y malignos. Al igual que un artista lleva su lienzo a un estudio cerrado, Dios también te llevó a su cámara oculta en donde fuiste «entretejido». Moisés utilizó la misma palabra para describir el bordado de las cortinas en el interior del tabernáculo, bordadas por manos artesanas para el propósito más noble (véase Éxodo 26:1; 36:8; 38:9). El Maestro Tejedor seleccionó las hebras de tu temperamento, la textura de tu carácter, el hilo de tu personalidad, todo antes de que nacieses. Dios no te dejó caer en el mundo completamente indefenso y con las manos vacías. Tú llegaste totalmente equipado. «Todos mis días se estaban diseñando...». El día del nacimiento y el día de la defunción. Los días de dificultad y los de victoria. Lo que te motiva, y lo que te agota, Dios lo estableció, y lo establece.

Otras traducciones del inglés emplean verbos intrigantes: Tú... me tejiste (v. 13 NLT)

Y la versión Amplified Bible, en inglés hace referencia a la creación de nuestro ser como si hubiese sido «bordado con varios colores», (v. 15).

Mis manos nunca han bordado un solo punto, pero las de mi madre sí. En la era pre-lavavajillas cuando las madres reclutaban a sus hijos para lavar o secar los platos en la cocina, estaba muy familiarizado con el juego de paños de cocina. Ella había embellecido los resistentes paños blancos con hebras de colores: había bordado siete paños con cada uno de los días de la semana. Sus destrezas artesanales convertían a los paños comunes en paños extraordinariamente únicos.

¡Dios hizo lo mismo contigo! No opaques tu vida desestimando el hecho de que eres más que una posibilidad estadística, más que la simple unión entre lo hereditario y el contexto social, más que una confluencia de cromosomas adquiridos y traumas infantiles. Más que una veleta ambulante sacudida por los fríos vientos del destino. Gracias a Dios, tú has sido formado «en lo más recóndito» (v.15).

Imagínate a Rodin esculpiendo El Pensador a partir de una roca. El escultor cincela un trozo de piedra, da forma a la curva de la rodilla, lija la frente...

*Tú no puedes ser lo que tú quieras. Pero puedes convertirte en todo lo que Dios quiere que seas.*

Ahora imagínate a Dios haciendo lo mismo: Cincelando la forma que llegarías a tener, aun antes de estar completamente formado, y dotándote de:

un buen ojo para la organización,

un buen oído para la música,

un corazón que lata por la justicia y la imparcialidad,

una mente que entienda la física cuántica,

dedos delicados para ser médico,

o piernas poderosas para volverte un corredor.

Él te hizo único.

El pensamiento secular, por lo general, no acepta esta noción. La sociedad no ve ningún autor detrás del libro, ningún arquitecto detrás de la casa, ningún propósito después de la vida. La sociedad no ve maleta alguna y, por supuesto, nunca te recomienda que la deshagas. Simplemente te dice: «Tú puedes ser lo que quieras ser».

Sé un carnicero si quieres, un agente de ventas si lo deseas. Conviértete en un embajador si realmente es lo que anhelas. Si trabajas arduamente lo lograrás. ¿Pero realmente será así? Si Dios no puso en tu maleta el sentido cárnico de un carnicero, las aptitudes personales de un agente de ventas, o la visión global de un embajador, ¿puedes desempeñar alguna de esas ocupaciones? Quizá lo logres, descontento o insatisfecho, pero no sintiéndote realizado. ¿Puede una bellota convertirse en una rosa, una ballena volar como un pájaro, o el plomo volverse oro? Por supuesto que no. Tú no puedes ser lo que tú quieras. Pero puedes convertirte en todo lo que Dios quiere que seas.

Søren Kierkegaard se hizo eco de la enseñanza de las Escrituras cuando escribió: «En el comienzo de todo hombre cobra vida una vocación eterna para él, expresamente para él. Ser consecuente consigo mismo en relación con esa vocación eterna es lo máximo que un hombre puede practicar».[10]

# HAZ SONREIR

## *A Dios*

*Por tanto, no sean insensatos, sino entiendan cuál es la voluntad del Señor.*

EFESIOS 5:17

DIOS NUNCA CREA GENTE prefabricada o en serie, ni la moldea de forma descuidada. «¡Yo hago nuevas todas las cosas!» (Apocalipsis 21:5). Él no te dio el equipaje de tu abuelo o la vida de tu tía, sino que te proveyó una maleta personal intencionalmente. Cuando vives con la valija que Dios te dio, descubres un gozo insólito. ¿No has visto algún ejemplo de ello?

Hace poco viajé a St. Louis en un vuelo comercial. La auxiliar de vuelo era tan gruñona que parecía haber tomado limón en el desayuno. Sus instrucciones fueron claras: ¡Siéntense, abróchense los cinturones, y mantengan la boca cerrada! No me atreví a pedir nada, no fuese que le diera por apretar el botón de expulsión.

Quizá tenía un mal día, o tal vez había elegido la ocupación equivocada.

Dos días después me subí a otro vuelo. La azafata que me tocó parecía bajada del cielo. Ella presentó a cada pasajero, nos hizo saludarnos mutuamente, y acto seguido nos cantó una canción por el intercomunicador. No pude evitar preguntarle: «¿Te gusta tu trabajo?»

«¡Me encanta!», respondió sonriendo alegremente. «Durante años di clases en la escuela primaria y lo disfruté cada día. Pero un día me ascendieron de puesto y pasé de estar con los niños a una oficina llena de papeles. ¡Me sentía muy infeliz! Por eso renuncié, dediqué algún tiempo a estudiarme a mí misma, encontré esta oportunidad, y la tomé al vuelo. ¡Ahora deseo venir a trabajar!»

Muy pocas personas pueden decir lo mismo. Y no muchos han hecho lo que ella hizo. Una empresa de colocación laboral sugiere que tan solo el uno por ciento de sus clientes ha analizado seriamente sus aptitudes personales.[11]

No imites ese error. Tú puedes hacer algo que nadie más es capaz de lograr de un modo en que nadie más puede realizarlo. Explorar y utilizar tu singularidad produce entusiasmo en ti, honra a Dios, y promueve su Reino. Así que, «Cada cual examine su propia conducta; y si tiene algo de qué presumir, que no se compare con nadie» (Gálatas 6:4).

## Descubre y despliega tus destrezas.

Charlie Steinmetz lo hizo. Él diseñó los generadores que suministraron energía a las primeras líneas de producción de Henry Ford en Dearborn, Michigan. Poco después de jubilarse, los generadores dejaron de funcionar, paralizando toda la fábrica. Los ingenieros de Ford no pudieron solucionar el problema, así que Ford llamó a su amigo Charlie. Steinmetz manipuló este manómetro, zarandeó aquella palanca, intentó con otro botón, movió unos cuantos cables, y unas horas después accionó el interruptor central. Los motores arrancaron, y el sistema volvió a la normalidad. A los pocos días Ford recibió una factura de Steinmetz por diez mil dólares. A Ford le pareció una cifra excesiva y le envió una nota: «Charlie: me parece que diez mil dólares es un precio demasiado alto para un hombre que solo estuvo un par de horas jugueteando con unos cuantos motores». Steinmetz preparó una nueva factura y se la envió al señor Ford. «Henry: Por juguetear con los motores, diez dólares; y por saber con cuáles jugar, nueve mil novecientos noventa dólares».[12]

Tú juegas como nadie. Explora y extrae tu talento juguetón. Te espera un regalo muy superior a diez mil dólares. «Sabiendo que el SEÑOR recompensará a cada uno por el bien que haya hecho, sea esclavo o sea libre» (Efesios 6:8).

Que rindas al máximo haciendo lo mejor que sabes hacer es lo que lo hace sonreír a Dios. ¿Hay algo mejor que eso?

TÚ PUEDES HACER ALGO QUE NADIE MÁS ES CAPAZ DE LOGRAR DE UN MODO EN QUE NADIE MÁS PUEDE REALIZARLO.

# LEE TU VIDA DE ATRÁS
## *para*
## *adelante*

*Pues Dios es quien produce
en ustedes tanto el querer
como el hacer para que se
cumpla su buena voluntad.*

FILIPENSES 2:13

CADA CIERTO TIEMPO nos dejamos llevar por el ritmo de la vida. No nos resistimos a él ni ofrecemos batalla, solo nos dejamos ir. Una corriente más fuerte nos levanta, nos arrastra, así que nos atrevemos a decir: «Fui creado para esto».

¿Conoces esa corriente? Seguro que sí.

Vuelve a tu juventud. ¿Qué actividad fue la que te sedujo para que salieras de las sombrías calles del aburrimiento a un parque de atracciones lleno de espectáculos, sonidos, y colores? ¡Qué fuegos artificiales! ¡Cada nervio del cuerpo vibraba; cada célula del cerebro chisporroteaba; los cinco sentidos se pusieron en funcionamiento!

¿Qué es lo que provocó esto en ti? ¿Montar un avión de juguete en el garaje? ¿Ayudar a tu tía a plantar semillas en el jardín? ¿Organizar juegos para tus compañeros de recreo? Eres capaz de recordar detalles vividos de esos días: el olor del pegamento, la sensación de la tierra húmeda, los alegres gritos de los niños. Era mágico. El único momento negativo fue aquel en el que todo terminó.

Avancemos unos años, la niñez da paso a la adolescencia, la escuela primaria a la secundaria, y posteriormente a la educación superior. Piensa en tus memorias favoritas: en esos momentos de plenitud sin restricciones de tiempo ni límites de energía, en aquello que ponía todos tus cilindros en marcha. Te pregunto de nuevo, ¿qué es lo que hacías? ¿Qué es lo que te encantaba? ¿Qué es lo que te estimulaba? ¿Qué te interesaba?

Si la edad y la paciencia te lo permiten, reflexiona en algo más. Analiza los mejores días que tuviste como adulto joven. Olvídate de las penas, de las adversidades. Durante los buenos tiempos, ¿qué actividades te sostenían? ¿Qué objetos coleccionabas? ¿Qué asuntos considerabas?

¿Notas algún tema común? En verdad, el paisaje cambia, los personajes desaparecen. Puede ser que los detalles se modifiquen, pero tu vocación, tu pasión, lo que anhelas hacer, lo sigues haciendo. La corriente del río de la vida sigue arrimándote a una orilla específica:

*¿Qué es lo que declara «fui creado para esto»?*

Siempre arreglando cosas,

desafiando sistemas,

organizando datos,

abogando por los pequeños,

generando contactos entre bastidores,

o pretendiendo estar en el centro del escenario.

Siempre haciendo lo mismo.

¿Y por qué no? Es algo que puedes hacer con facilidad. No sin esfuerzo, pero con menos esfuerzo que tus compañeros. Tal vez te has preguntado por qué otros tienen tanta dificultad para batear la pelota de béisbol o para analizar una oración.

Cualquiera es capaz de ensamblar un televisor si tiene un kit de bricolaje, ¿no es cierto?

No, no es así. Pero David sí pudo. Lo hizo a los doce años. Él había comenzado el emprendimiento con su padre, pero cuando su papá tuvo que embarcar en la marina, David continuó solo con el proyecto. Dedicó horas después del colegio a hacer diagramas, instalar tubos y soldar cables. Antes de que volviese su padre, la familia tenía un nuevo aparato de televisión.

Hasta la fecha, un cuarto de siglo después, a David le brillan los ojos cuando narra el momento en el que la primera imagen apareció en la pantalla. No sorprende que se graduara con un título en ingeniería civil. A David le encanta montar cosas.

Aún lo hace. Solo hay que preguntarles a unos cien muchachos que fueron a la Academia Carver, un colegio de vanguardia en el centro de San Antonio. David Robinson lo edificó. Sí, él jugó al baloncesto a un alto nivel como uno de los jugadores más valiosos, pero también construyó cosas. Si el pasado puede enseñarnos algo, lo hará.

William Wordsworth escribió: «El niño es el padre del hombre». ¿Quieres dirección para el futuro? Lee tu vida de atrás para adelante.

# NUESTRO PASADO
## *nos presenta*

# NUESTRO
# FUTURO

# DEDÍCATE A ALGO
## *que disfrutes*

*Reconócelo en todos tus caminos, y él allanará tus sendas.*

PROVERBIOS 3:6

LOS ASESORES DE EMPLEO IDÓNEO de la empresa People Management International Inc. han hecho esta pregunta a más de setenta mil clientes: ¿Qué cosas has hecho en tu vida que disfrutaste y consideras que las hiciste bien? «En todos los casos», escribe su fundador Arthur Miller Jr., «los datos demostraron que la gente invariablemente regresaba al mismo patrón de funcionamiento que cuando realizaron algo que disfrutaron e hicieron bien».[13]

O, dicho sucintamente, nuestro pasado nos presenta el futuro. ¿Es posible que eso sea cierto? ¿Pueden los intereses de la infancia pronosticar las aptitudes de la adultez? ¿Será que las inclinaciones tempranas sirven como primer bosquejo del retrato final?

Las biografías de los héroes espirituales sugieren que es así. Empecemos con el príncipe egipcio. De joven se destacó en las costumbres de la corte. Dominaba las leyes de los antiguos reinos. Él había estudiado a los pies de los mejores astrónomos, matemáticos y abogados del mundo. Mil quinientos años después se lo recordaba como aquel que «fue instruido en toda la sabiduría de los egipcios, y era poderoso en palabra y en obra» (Hechos 7:22).

Lo poco que sabemos de la crianza de Moisés nos muestra lo siguiente: Siempre manifestó afinidad con la educación superior y alergia a la injusticia. ¿Recuerdas la primera vez en que se lo menciona en las Escrituras como adulto? Había presenciado la manera en que un egipcio golpeaba a un esclavo hebreo y reaccionó matando al egipcio. Al día siguiente Moisés vio a dos hebreos peleando y decidió intervenir de nuevo.

*Esta vez uno de los hebreos preguntó:*

# «¿Y quién te nombró a ti gobernante y juez sobre nosotros?»

Príncipe y juez. ¡Qué acertada fue esa descripción! Detengámonos ahora en el segundo acto que protagonizó. Para evitar que lo arrestaran, Moisés huyó precipitadamente al desierto, donde encontró más injusticia. «El sacerdote de Madián tenía siete hijas, las cuales solían ir a sacar agua para llenar los abrevaderos y dar de beber a las ovejas de su padre. Pero los pastores llegaban y las echaban de allí. Un día, Moisés intervino en favor de ellas: las puso a salvo de los pastores y dio de beber a sus ovejas» (Éxodo 2:16-17).

¿Qué es lo que llevó a Moisés a proteger a esas jóvenes mujeres? ¿Su belleza? ¿Su sed? Quizá ambas cosas, o tal vez algo más. Es posible que la semilla de la justicia estuviera germinando inexorablemente en su alma. Cuando arremetió contra el cruel egipcio o dispersó a los pastores machistas, ¿actuaba con un deseo de justicia que provenía de Dios?

Si consideramos el resto de su vida diríamos que así fue. Cuarenta años después de huir de Egipto, Moisés regresó, esta vez con la bendición y poder de la zarza ardiente de Dios. Fue él quien desmanteló a Faraón y les quitó las cadenas a los hebreos. Moisés el príncipe escoltó a su pueblo hasta un nuevo reino. Moisés el juez sentó las bases de la Torah y asistió el nacimiento de la ley hebrea.

En las habilidades de su juventud se revelaron las pasiones de su vida.

*Nuestro pasado nos presenta nuestro futuro.*

# ANALIZA
## *tu mayólica*

*Ejercita el don que
recibiste mediante profecía.*

1 TIMOTEO 4:14

AVANCEMOS unos dos milenios y consideremos otro caso. Como Moisés, este joven erudito mostró una devoción juvenil por la ley. Estudió a los pies de los mejores maestros de Jerusalén. Cumplió la Torah al pie de la letra. Se formó con los fariseos, observadores vehementes de las Escrituras. Ellos defendían la ley con celo. Y «celo» es el término que se utiliza para describir su juventud. ¿Era celoso? Escribió de sí mismo: «En cuanto al celo, perseguidor de la iglesia» (Filipenses 3:6).

El ardor del joven Saulo da pie a su primera aparición en las Escrituras. Al igual que Moisés, fue un asesinato lo que lo puso en primera plana. Encendidos de cólera, los miembros del consejo judío «lo sacaron a empellones fuera de la ciudad y comenzaron a apedrearlo. Los acusadores le encargaron sus mantos a un joven llamado Saulo» (Hechos 7:58).

Podemos tildar a Saulo de torpe, de estar engañado o de cometer equivocaciones, pero no lo podemos tildar de blando. Si lo examinamos nos daremos cuenta de que exudaba compromiso. Ya fuese Saulo, el legalista, o Pablo, el apóstol de la gracia, él no podía quedarse quieto. Era una persona dinámica, resuelta, enfocada, como un halcón sobre su presa. Pedro podría tolerar la hipocresía de la iglesia. Pablo, no. Con él, uno estaba adentro o afuera, era frío o caliente. Ya fuese persiguiendo discípulos o haciéndolos, Pablo impactaba a las personas.

Consideremos también los días juveniles de Billy Frank, el hijo mayor del dueño de un tambo. Su padre lo sacaba de la cama alrededor de las dos y media de la mañana para comenzar la faena. A Melvin, el hermano más joven, le gustaba el trabajo, y caminaba junto a su padre deseando tomar su lugar incluso antes de ser capaz de hacerlo.

Pero no Billy Frank. Él y Melvin tenían el mismo padre, pero no los mismos intereses. En cuanto acababa sus tareas, Billy Frank salía disparado hacia el henil con una copia de Tarzán o de Marco Polo. A los catorce años, ya se había devorado El Declive y la Caída del Imperio Romano. Lo que más le fascinaba al muchacho eran las historias misioneras y los relatos de siervos valientes en tierras lejanas.

Más tarde, siendo estudiante universitario en el Instituto Bíblico de Florida, visitó a todos los evangelistas que recibía la institución. Sirvió sus mesas, les limpió los zapatos, les hizo de caddie, les llevó las maletas, posó ante las cámaras junto a ellos, y escribió a su madre para decirle lo mucho que «deseaba ser como este o como aquel».[14]

*Su temprana virtud pronosticaba rasgos que exhibiría de por vida.*

Billy Frank poseía una cualidad más: energía. Su madre recordaba, «Billy no tenía nada de tranquilo...fue un alivio para mí que empezara a ir al colegio». Era hiperactivo antes de que existiese esa palabra. Siempre corriendo e investigando. «Nunca se cansa», le decían sus padres al médico. «Sencillamente está hecho de esa forma», les aseguraba el doctor.[15]

Analicemos la mayólica de cualidades de Billy Frank: fascinación por los libros y la palabra, intriga por los misioneros y las tierras lejanas, una energía ilimitada...

¿Qué ocurre con un muchacho así?

¿Y qué ocurre cuando el Espíritu de Dios lo convence de pecado y salvación? El joven Billy Frank decidió dejar de utilizar su nombre compuesto y darse a conocer con su primer nombre. Al fin y al cabo un evangelista necesita que lo tomen en serio. Y la gente tomó a Billy Frank Graham muy en serio.

¿Qué hubiese pasado si Graham hubiera ignorado su corazón? ¿Qué habría sucedido si sus padres lo hubiesen forzado a quedarse en la granja? ¿Y qué si nadie se hubiera dado cuenta del patrón divino que había en su vida?

¿Y qué ocurrirá si tú no descubres el tuyo?

# DISEÑO
# PERSONALIZADO
## *del cielo*

*Porque somos hechura de
Dios, creados en Cristo
Jesús para buenas obras,
las cuales Dios dispuso de
antemano a fin de que las
pongamos en práctica.*

EFESIOS 2:10

RECUERDA, Dios te planeó y te hizo a propósito para su propósito. Tú eres el diseño personalizado del cielo. Dios «te formó en el seno materno» (Isaías 44:2). Él determinó cada uno de tus detalles. «¿Y quién le puso la boca al hombre? —le respondió el Señor—. ¿Acaso no soy yo, el Señor, quien lo hace sordo o mudo, quien le da la vista o se la quita? (Éxodo 4:11).

En un momento antes de que existiesen los momentos, el Soberano Creador de las estrellas resolvió: «Haré a_____». Pon tu nombre en el espacio. Entonces continuó diciendo: «Y lo haré _____ y _____ y _____ y_____». Rellena los espacios con tus características. Perspicaz. Inteligente. Detallista. Incansable. Y como eres idea de Dios, tú eres una buena idea. Lo que Dios dijo acerca de Jeremías también lo dijo acerca de ti: «Antes de formarte en el vientre, ya te había elegido; antes de que nacieras, ya te había apartado» (Jeremías 1:5).

# Apartado para una obra especial.

Durante las vacaciones universitarias gané un dinero extra barriendo virutas de metal.

Varias docenas de torneros dedicaban diez horas al día a dar forma al acero en sus tornos. ¿Necesitas un cuadrado de quince centímetros por un centímetro de espesor? Ellos lo pueden cortar. ¿Precisas agujeros para los tornillos en una bisagra? Los pueden taladrar. ¿Quieres una lata de corte fino? Encárgaselo al tornero. Los operarios dan forma al metal según el propósito. Dios hace lo mismo.

*Dios te planeó y te hizo a propósito para su propósito.*

Él te creó según tu propia forma.

¿De qué otra forma explicarías tu ser? Tu capacidad para diagnosticar problemas en los motores según el ruido que hacen o la de hacer una tarta sin receta. O el hecho de que sepas la historia de tu país mejor que el profesor de historia. O que te acuerdes del nombre de todos los niños del orfanato. ¿Cómo se explica uno esas peculiaridades en las aptitudes de las personas?

Es Dios. Él sabía que el joven pueblo de Israel necesitaría un código, por eso puso en

Moisés pasión por la ley. Él sabía que la doctrina de la gracia iba a precisar un vehemente abogado defensor, así que hizo de Pablo un siervo apasionado. Y en tu caso, él sabía lo que tu generación necesitaría y se lo proporcionó. Él te diseñó. Y su diseño determina tu destino. ¿Te acuerdas de la amonestación de Pedro? «El que presta algún servicio, hágalo como quien tiene el poder de Dios» (1 Pedro 4:11).

Yo descubrí la prueba viviente de esta verdad en un viaje que hice a América Central. David[16], un compatriota estadounidense, celebraba su cumpleaños número sesenta y uno con amigos en la escuela de idiomas donde mi hija estaba estudiando español. Mi pregunta «¿Por qué has venido a este lugar?» abrió una compuerta biográfica. Drogas, sexo, divorcio, cárcel; las primeras cuatro décadas de David parecían el diario de un gánster. Pero entonces Dios lo llamó. Del mismo modo en que llamó a Moisés, a Pablo, y a millones de personas, Dios llamó a David.

Su explicación fue algo así: «Siempre he sido capaz de arreglar cosas. La gente me llamaba cuando se rompían sus artefactos. Un amigo me habló acerca de los niños pobres en América Central, así que llegué aquí con una idea. Encontré casas de niños sin padre ni cañerías. Instalé lavabos e inodoros y amé a esos niños. Eso es a lo que me dedico. Para esto fui hecho».

Parece que David ha encontrado la cura para la vida común. Él está viviendo en su punto óptimo. ¿Y qué de ti?

# LOS DESEOS
## *de tu corazón*

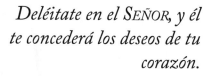

*Deléitate en el SEÑOR, y él te concederá los deseos de tu corazón.*

SALMO 37:4

¿QUÉ ES lo que siempre has hecho bien? ¿Y qué es lo que siempre te ha gustado hacer?

La última pregunta hace tropezar a mucha gente bien intencionada. Dios no me dejaría hacer lo que yo quisiera, ¿no es cierto? Según Pablo, él si te dejaría. «Pues Dios es quien produce en ustedes tanto el querer como el hacer para que se cumpla su buena voluntad» (Filipenses 2:13). Tu Diseñador hace que se unan el «querer» con el «hacer.» El deseo tiene como copiloto a la habilidad. Tu Padre es demasiado clemente como para asignarte una vida miserable. Como escribió Tomás Aquino: «La vida humana parece consistir en aquello en lo que más se deleita cada hombre, aquello por lo que lucha particularmente, y lo que desea compartir especialmente con sus amigos».[17]

Hace poco conocí a un individuo de veinte años que precisaba oír esto. Recién había obtenido una licencia en el ejército, y sopesaba su futuro. Él era un tipo de mandíbula cuadrada, tatuaje en el antebrazo, y una inquietud muy común, no saber qué hacer con el resto de su vida. Durante el vuelo que compartimos, él me contó acerca de su tío, un cura de Nueva Inglaterra. «Qué maravilla de hombre», suspiraba el ex soldado. «Ayuda a los niños y da de comer a los hambrientos. Me encantaría marcar ese tipo de diferencia».

Por tanto, le hice la pregunta de este capítulo. «¿Cuáles han sido aquellas ocasiones en las que hiciste algo que realmente disfrutaste y además lo hiciste bien?»

# Al principio desestimó mi pregunta.

—Bueno, lo que a mí me gusta hacer son estupideces —se excusó.

—A ver, dime algo —retruqué desafiándolo.

—A mí me encanta reconstruir cosas.

—¿Qué quieres decir?

Entonces él me habló de una mesita baja que había encontrado en un garaje. A la que, viendo su potencial, le había removido la pintura, arreglado las patas rotas, y restaurado. Orgulloso de su trabajo, se la había regalado a su madre.

—Cuéntame algo más —le sugerí.

—Esto es de lo más estúpido —siguió diciendo— Pero cuando trabajaba en una carnicería, solía encontrar carne en los huesos que otros desechaban. ¡Mi jefe estaba encantado conmigo! Yo era capaz de encontrar varios kilos de mercadería con tan solo volver a revisar el hueso.

Cuando el avión se disponía a aterrizar, lo puse a prueba con una posibilidad. «A ti te gusta recuperar cosas. Recuperas muebles,

*El roble mora dentro de la bellota.*

recuperas carne. Dios te ha dado la habilidad de encontrar un tesoro en la basura de otros».

Mi idea lo sorprendió. «¿Dios? ¿Dios hizo eso?» «Sí, Dios. Tu capacidad de restaurar una mesa es tan santa como la capacidad que tiene tu tío para restaurar una vida». Fue como si le hubiesen puesto un recién nacido en los brazos. A medida que mis palabras hacían mella en él, el duro soldado comenzó a lagrimear de alegría.

Piensa en tus deseos como dones para desarrollar en lugar de como anhelos que debes reprimir, y sentirás el mismo gozo.

Así que adelante, reflexiona sobre tu vida. ¿Qué es lo que te gusta hacer que siempre has hecho bien?

Algunos creen que esa pregunta es demasiado simple. ¿No será necesario realizar alguna medición?[18] ¿Aptitud o temperamento? Consultamos a los profesionales y auscultamos la borra del té, leemos manuales y horóscopos. Hacemos inventarios de dones espirituales[19] y de nuestros ancestros. Puede que alguna de esas estrategias nos resulte provechosa pero, sin embargo, tenemos a nuestro alcance una respuesta mucho más simple. O mejor dicho, la respuesta se encuentra en nosotros mismos.

El roble mora dentro de la bellota. Observa tu vida de atrás para adelante y comprueba tus provisiones. Vuelve a saborear los momentos de tus éxitos y satisfacciones, pues en la confluencia de ambos encontrarás tu singularidad.

# ANALIZA
## *tu historia*

*El Señor observa desde el cielo y ve a toda la humanidad …*
*Él es quien formó el corazón de todos, y quien conoce a fondo todas sus acciones.*

SALMO 33:13,15

CONSIDERA ESTA IDEA para un programa de televisión sobre la vida real. La meta es sencilla. Cada concursante debe viajar a cierta ciudad, encontrar un vecindario ya designado, y asumir un papel determinado. Llamémoslo Encuentra tu lugar.[20]

¿Cuál es el meollo de la cuestión? Nadie te dice dónde tienes que ir o qué debes hacer cuando llegas allí. El conductor no identifica la ciudad, ni tampoco designa el país. Él no te da la descripción de tu trabajo. Todos los concursantes deben discernir sus destinos en virtud de una sola herramienta. Sus provisiones. Al salir del punto de partida, cada uno recibe una bolsa con los suministros que les proveen pistas para descubrir el destino.

El conductor, por ejemplo, le entrega a una persona una bolsa de cuero repleta de suéteres, una chaqueta y un balón de fútbol. En el bolsillo lateral, el concursante encuentra monedas. Dinero argentino. Y el registro de asistencia de un profesor de idiomas. Parece que el destino y el puesto se van esclareciendo.

Otro recibe un equipo de buceo. Tanques de oxígeno. Patas de rana y gafas. Y se encamina hacia el océano. ¿Y esto qué es? ¿Una llave de plomero? Los buzos no llevan herramientas. Un momento, aquí tenemos una clave más. Un libro. Diagramas de plataformas de perforación marítima. Parece que el puesto de esta persona tiene que ver con plataformas petrolíferas.

¿Crees que a las cadenas de televisión no les va a interesar el programa? ¿Demasiado aburrido?

# Coméntale tus inquietudes al que creó la trama: Dios.

Él desarrolló el argumento y te anotó a ti como concursante.

Tú no saliste del vientre de tu madre con la carrera deseada tatuada en el pecho ni había un listado de aptitudes innatas cuando naciste. Pero a medida que la vida fue avanzando tú mismo empezaste a darte cuenta de tus dones, a averiguar cuáles eran tus aptitudes, a descubrir tus mañas.

Dios es el que te los otorgó. «Porque somos hechura de Dios, creados en Cristo Jesús para buenas obras, las cuales Dios dispuso de antemano a fin de que las pongamos en práctica» (Efesios 2:10).

La cura para la vida común empieza al detectar tus habilidades. Nadie más tiene el conjunto de aptitudes que tú posees, e ignorarlas sería perjudicarte a ti mismo. El técnico de una plataforma petrolífera no se sentiría a gusto en una escuela de Argentina. Y si Dios te hizo para enseñarles a los jovencitos argentinos, no disfrutarás siendo técnico en la torre de una plataforma marítima. ¿Y qué hay de los muchachos de la clase y de los trabajadores de la plataforma? ¿No querrían a la persona adecuada en cada puesto? Seguramente que sí. Tú también. Y, por encima de todo, Dios así lo quiere. Eres el único tú que él ha creado.

En su libro Behavioral Genetics [Genética conductual], un equipo de científicos afirma:

Cada uno de nosotros tiene la capacidad de generar $10^{3000}$ óvulos o espermatozoides con una serie genética exclusiva. Si consideramos que una sola mujer puede producir $10^{3000}$ óvulos y un solo hombre es capaz de generar el mismo número de espermatozoides, la probabilidad de que exista otra persona con tu misma serie genética, sea en el pasado o en el futuro, es infinitesimal.[21]

Si los números te dejan pasmado, permíteme que te lo aclare. Dios te hizo y después rompió el molde. «El Señor observa desde el cielo y ve a toda la humanidad; él contempla desde su trono a todos los habitantes de la tierra.

Él es quien formó el corazón de todos, y quien conoce a fondo todas sus acciones» (Salmo 33:13-15).

Escudriña la historia y busca tu replica; no la vas a encontrar. Dios te hizo a medida. Él dice del hombre: «al que yo hice y yo formé» (Isaías 43:7). En el taller de Dios no hay una réplica con un repuesto de ti. Porque no eres un ladrillo más en la pila del albañil ni un tornillo más en la gaveta de un mecánico. Tú eres la persona indicada. Y si tú no eres tú, nosotros no te tenemos. El mundo se lo pierde.

Tú eres el cometa Halley; solo se nos concede una oportunidad de verte brillar. Tú ofreces un regalo a la sociedad que nadie más puede aportar. Si tú no haces tu aporte, nadie lo va a hacer.

Tú eres el
ÚNICO TÚ
que Dios hizo.

# TE NECESITAS
## *para ser*
### TÚ MISMO

*Cada cual examine su propia conducta; y si
tiene algo de qué presumir, que no se compare
con nadie. Que cada uno cargue con su
propia responsabilidad.*

GÁLATAS 6:4-5

YO CORRÍA por mi vecindario el otro día bajo una nube. No una nube de lluvia sino una nube de desconfianza en mí mismo. Tenía la sensación de que los desafíos de la vida superaban mis recursos, así que empecé a cuestionar mi capacidad. Y para ser franco, también cuestionaba la sabiduría de Dios. ¿Estás seguro de que soy la persona adecuada para este trabajo?, era el tema de mi oración.

Parece ser que Dios verdaderamente quería darme una respuesta, por lo que oí. Provenía de lo alto, pronunciada por una voz profunda, resonante: «¡Lo estás haciendo muy bien!» Quedé paralizado en mis zapatillas y alcé los ojos al cielo. Como no vi otra cosa que nubes, dirigí mi mirada al tejado de una casa. Desde allí él me saludaba; era un pintor vestido de blanco apoyado en una buhardilla. Yo le devolví el saludo. Y asombrado estuve a punto de preguntarle: «¿Cómo sabías que necesitaba oír eso?»

¿Acaso había tenido un encuentro con un ángel? ¿Había visto un ángel con una brocha? ¿O aquel obrero había sufrido una insolación? Lo único que sé es que un pintor vio a un tipo calvo, de mediana edad corriendo medio asfixiado por la calle y habrá pensado: Ese tipo necesita una palabra de ánimo. Así que lo hizo: «¡Lo estás haciendo muy bien!»

# ¿Estoy forzando la teología

un poco si sugiero que Dios puso a ese hombre ahí, al menos en parte, por mí?

Mucho antes de que el tiempo fuera tiempo, Dios vio cada momento, incluyendo aquel instante. Él vio a un ministro que necesitaba una palabra. Él divisó a un individuo con capacidad para pintar y corazón para animar. Y los colocó a uno en la calle y al otro en el tejado a fin de que este último pudiese animar al primero. Multiplica ese pequeño suceso por billones y he aquí la forma en la que Dios sustenta su mundo. «Pongan en práctica lo que de mí han aprendido, recibido y oído, y lo que han visto en mí, y el Dios de paz estará con ustedes» (Filipenses 4:9).

El Director Invisible dirige la orquesta a la que llamamos vivir. Cuando un maestro especial ayuda a un estudiante rezagado,

*El papel que tú desempeñas no es insignificante porque no hay papel pequeño.*

cuando un gerente calificado desenreda nudos buro-
cráticos, cuando los amantes de los perros aman a los
perros y los que manejan los números saldan las cuentas, cuando tú y yo hacemos lo mejor que podemos
para la gloria de Dios, «formamos un solo cuerpo en
Cristo, y cada miembro está unido a todos los demás»
(Romanos 12:5).

El papel que tú desempeñas no es insignificante,
porque no hay papel pequeño. «Ahora bien, ustedes
son el cuerpo de Cristo, y cada uno es miembro de ese
cuerpo» (1 Corintios 12:27). «Ustedes» y «cada uno».
Exclusivo y esencial. A nadie más se le han dado tus
líneas. Dios «es quien formó el corazón de todos»
(Salmo 33:15). El Autor de la pieza teatral humana
te encomendó tu papel solamente a ti. Vive tu vida o
nadie la vivirá por ti. Necesitamos que tú seas tú.

Tú necesitas ser tú mismo.

No puedes ser tu héroe, tu padre, o tu hermano
mayor. Puede que seas capaz de imitar su golpe de
golf o el estilo de su peinado, pero no puedes ser ninguno de ellos. Tú solo puedes ser tú. Todo lo que puedes dar es lo que se te ha dado para dar. Céntrate en lo
que eres y en lo que tienes.

# SÉ LO MEJOR QUE
## *puedas ser*

*Por eso te recomiendo que avives la llama del don de Dios que recibiste cuando te impuse las manos.*

2 TIMOTEO 1:6

ANTES DE QUE THOMAS MERTON siguiese a Cristo, él iba tras el dinero, la fama, y la vida en sociedad. Así que sorprendió a muchos cuando lo cambió todo por una vida como monje trapense en un monasterio de Kentucky. Sus colegas del mundo de los negocios especularon sobre qué podría haberle ocurrido. Ellos se imaginaron una versión silenciosa y sufriente de su amigo, mansamente sometido a una vida de penitencia. Pasados trece años, un colega, Mark van Doren, lo visitó e informó al resto de sus averiguaciones: «Estaba un poco más viejo, pero cuando nos sentamos y hablamos no pude notar alguna diferencia importante en él. Y en una ocasión llegué a interrumpir una reminiscencia suya con mi risa. «Tom», le dije, «no has cambiado en absoluto». «¿Por qué debería cambiar?», me respondió, Aquí nuestro deber es ser más nosotros mismos, no menos».[22]

Dios nunca te ha llamado a ser otro más que tú mismo. Pero te llamó a ser el mejor tú que puedas ser. De lo que realmente se trata es de quién eres tú en tus mejores momentos.

Un grupo de muchachos estaban juntos en un cine cuando uno de ellos decidió ir al puesto de golosinas. A su regreso, no pudo encontrar a su grupo. Subió y bajo por los pasillos cada vez más confundido. Por fin, se plantó en el frente del cine y gritó: «¿Hay alguien que me reconozca?»

¿Alguna vez has hecho preguntas semejantes? ¿Alguien sabe quién soy? ¿A dónde pertenezco? ¿A dónde se supone que tengo que ir?

Si es así, es hora de analizar tu historia y averiguarlo

FORTALEZAS

ÁREA DE INTERÉS

APTITUDES

RELACIONES

¡SÍ!

# ¿CUÁLES SON TUS *fortalezas?*

*Tenemos dones diferentes, según la gracia que se nos ha dado.*

ROMANOS 12:6

DIOS NO TE DIO una mochila sino un saco con destrezas. Esos dones producen resultados. Quizá tú tienes capacidad para gestionar una multitud de pedidos de restaurante o para prever soluciones a problemas de personal. Hay verbos sinónimos que califican tu biografía: «reparar», «crear,» «supervisar». Quizá tú descifras cosas, como sánscrito o sistemas defensivos de fútbol. Tal vez seas hábil para clasificar cosas, como datos o mariposas. He encontrado a mi hija menor reorganizando su armario, de nuevo. ¿Es esta mi hija?, me pregunté. ¡Ella ordena su armario con más frecuencia en un mes de lo que su padre lo ha hecho en toda su vida! ¿Hará lo mismo en una clase, o en una clínica, o en una biblioteca?

Virtudes: tú las empleas a menudo y al parecer con poco esfuerzo. Una decoradora de interiores me dijo lo siguiente acerca de su trabajo: «No es tan difícil. Yo entro en una habitación y empiezo a ver lo que hace falta».

«No todos nosotros lo vemos», le dije. Yo no puedo ni arreglar mi cama. Pero ella puede redecorar un vertedero de basuras. ¡Bingo! Conocer su virtud la llevó a su punto óptimo. ¡Y la gente le paga por ello!

¿Qué cosas específicas puedes hacer con tanta facilidad que realmente te preguntas por qué otros no son capaces de hacerlas? ¿No se sabe todo el mundo la tabla periódica de elementos? ¡Nooooo!, no la sabe. Pero el hecho de que tú la conozcas dice mucho acerca de tus fortalezas (y ni hablar de tu coeficiente intelectual). También nos habla acerca de tus áreas de interés.

*Conocer tu virtud te lleva a tu punto óptimo.*

# ¿CUÁL ES TU ÁREA
## *de interés?*

Moisés llamó a Bezalel y a
Aholiab, y a todos los que tenían
el mismo espíritu artístico, y a
quienes el SEÑOR había dado
pericia y habilidad y se sentían
movidos a venir y hacer el
trabajo.

ÉXODO 36:2

UNA VEZ QUE CONOCES en cuáles verbos eres fuerte, busca los sustantivos. ¿Con qué objetos disfrutas trabajando? ¿Animales? ¿Estadísticas? ¿Gente? Tu tema puede ser tan abstracto como una idea o tan específico como un fruto. Arthur Miller Jr. tiene un amigo que es un enloquecido de la fruta. «Henry», escribe él, «no solo conoce sus productos, sino que siente una abierta pasión por ellos». Miller sigue diciendo:

> «Él empieza su día aún de noche en el mercado mayorista, comprando únicamente frutas de muy alto precio y calidad. Él no compra lo ordinario. Ese es el motivo por el que la gente viaja largas distancias, y algunas veces en automóviles con chófer para aprovecharse de la pasión de Henry. Su esposa dice que él es un «maniático» de su trabajo. He visitado a Henry para comprar un par de melones, y apretando ligeramente un par de ellos le pregunté: «¿Están maduros?» «¡Todavía no!», me contesta Henry. «Tienes que esperar hasta mañana». Y después añade con sorna: «¡A eso de las tres de la tarde!»
>
> Creo que lo dice medio en broma. ¡Aunque en verdad él conoce el momento exacto en que una pieza de fruta llega al punto de madurez perfecta!
>
> ¡Imagínate si todo el mundo encontrara la misma intensidad para hacer las cosas que Henry Balsamo![23]

# Dios infunde tales pasiones.

Escucha la forma en la que él describe al constructor Bezalel: «Y lo he llenado del Espíritu de Dios, de sabiduría, inteligencia y capacidad creativa para hacer trabajos artísticos en oro, plata y bronce, para cortar y engastar piedras preciosas, para hacer tallados en madera y para realizar toda clase de artesanías» (Éxodo 31:3-5).

¡Es Dios el que habla! ¿Puedes notar el placer en su voz? Él suena como un abuelo que muestra las fotos que lleva en su billetera. «Yo lo he llenado…Él es capaz…Él es experto… Sí, él es un maestro». Cuando tú rindes al máximo en lo que sabes hacer mejor, el pecho de Dios se inflama de orgullo.

# ¿QUÉ COSAS
## te producen fascinación?

*¿Qué es lo que hace que
se te acelere el pulso y
tus cejas se levanten de
asombro?*

# DIOS
# INFUNDE
## *pasión*

# ¿CUÁLES SON
## *tus mejores*
## *aptitudes?*

*Cada uno ponga al
servicio de los demás el
don que haya recibido,
administrando fielmente
la gracia de Dios en sus
diversas formas.*

1 PEDRO 4:10

¿QUÉ FACTORES disparan tu motivación? A algunas personas les encanta suplir una necesidad. A otras las motivan los problemas. A un empleado administrativo competente posiblemente le encante trabajar bajo una rutina de reacciones previsibles. El bombero disfruta de un día repleto de diferentes sorpresas.

Y Dennis McDonald también. Durante un tiempo él sirvió como director comercial de nuestra iglesia. Su tarea fue muy buena. Sin embargo, en calidad de anciano, él visitaba a menudo a los enfermos. Yo me daba cuenta de una diferencia de entusiasmo cuando Dennis describía su trabajo en el hospital y su trabajo en la oficina. Allí él cumplía como un soldado con las tareas rutinarias, pero cuando lo enviábamos junto al lecho de un enfermo era notorio como eso elevaba su tono. Su punto óptimo son las crisis, y por eso tuvo sentido pasarlo del puesto de administrador a pastor de hospital a tiempo completo. Cualquier situación de emergencia enciende sus motores.

¿Qué es lo que acciona los tuyos?
¿La construcción o el mantenimiento?
¿Una estructura claramente definida o
las posibilidades ilimitadas?
¿Tareas en una línea de producción?
¿Oportunidades sin fronteras?
¿Cuáles son tus mejores aptitudes?

*¿Qué es lo que pone tus motores en marcha?*

# ¿Y QUÉ SUCEDE CON
## *las relaciones?*

*Cada uno tiene de Dios su
propio don: éste posee uno;
aquél, otro.*

1 CORINTIOS 7:7

MEDITA RETROSPECTIVAMENTE en aquellos momentos de satisfacción y éxito. En ese tiempo, ¿cómo te relacionabas con la gente?

Algunos buscan un equipo, un club, un grupo social. Cuando se trata de hacer trabajo de jardinería, quieren que toda la familia participe. Algunas personas se sienten estimuladas por el grupo.

Otros funcionan mejor solos. Prefieren pasar de largo ante los equipos de fútbol de su comunidad o ante las ligas de bolos. Les gusta más escalar, pescar o jugar al golf. No es que no les guste la gente sino que no necesitan a la gente para lograr sus objetivos.

Hay una tercera categoría, son aquellos que disfrutan de los grupos, pero necesitan dirigir el grupo para sentirse satisfechos. De hecho, les es imposible no liderar el grupo. Pueden parecer dominantes o mandones, pero esa no es su intención. Simplemente ven lo que otros van a ver, pero aún no lo logran.

Descubre cuál es tu patrón ideal en las relaciones. Si te gusta contagiar entusiasmo a los demás pero tu trabajo te mantiene sentado delante de la pantalla de una computadora, tus días pasarán como con suma lentitud. Descubre cuál es tu estilo relacional, y, un último elemento: determina el día de tu pago.

*Descubre cuál es tu patrón ideal en las relaciones.*

# ¡Sí!

*Pero por la gracia de Dios soy lo que soy, y la gracia que él me concedió no fue infructuosa.*

1 CORINTIOS 15:10

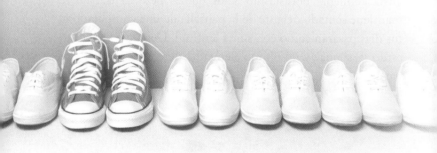

EN LA PELÍCULA *Carrozas de Fuego*, Eric Liddell defendió su devoción al atletismo con aquellas palabras que le dijo a su hermana: «Dios me hizo veloz, y cuando corro siento su placer». ¿Cuándo sientes tú el placer de Dios? ¿Cuándo miras al cielo y dices: «Fui hecho para esto»? ¿Cuándo convergen de tal manera tus fortalezas, áreas de interés, aptitudes y estilo relacional que dices: «¡Sí!»? Cuando eso sucede estás viviendo tu historia.

Encarnándola. Acepta el permiso de Dios para ser la persona que él quiere que seas. Una rana puede agitar sus pequeñas patas y nunca levantar vuelo. Algunos de ustedes han estado agitando sus patas durante mucho tiempo; demasiado, diría. Sus héroes son pájaros; sus mentores son pájaros. Creen que deben volar y se sienten culpables por no poder lograrlo. ¡Basta ya de pensar con el cerebro de un pájaro! ¡Sé una rana! Saltar es bueno. Tú tienes buenos muslos que te sostienen, así que empieza a saltar.

# ¿Sabes quién eres?

El tiempo que dedicas a explorar las aptitudes que Dios te ha dado es un tiempo bien empleado.

Rick Burgess y Bill «Bubba» Bussey conducen el popular show de Rick y Bubba, un programa radial que la gente escucha de camino al trabajo en Birmingham, Alabama.

Cierta vez, unas personas que se dedicaban a la producción animada crearon unos dibujos de los personajes e invitaron a Rick y Bubba a prestarles sus voces. Rick era la voz de Rick, y Bubba, la voz de Bubba. Sin embargo, la voz de Bubba no parecía agradarle al productor. Él sugirió que Bubba cambiase las inflexiones, el volumen, y otros detalles. Bubba compresiblemente se impacientó. Al fin y al cabo, él le estaba dando voz a su propio personaje. Volviéndose al productor protestó: «¿Si yo soy él, como puedo hacer mal de mí mismo?»

Bien dicho. Cuando se trata de ser tú, tú eres el que fuiste hecho para ese papel. Así que di tus líneas con confianza.

*Encarna tu historia.*

# NO LE CONSULTES
## *a tu codicia.*

*Humíllense, pues, bajo la poderosa mano de Dios, para que él los exalte a su debido tiempo.*

1 PEDRO 5:6

UN HOMBRE DE NEGOCIOS compraba palomitas de maíz a un vendedor ambulante todos los días después del almuerzo. Un día, al llegar donde estaba el vendedor, lo vio cerrar el puesto a mediodía.

—¿Ocurre algo? —le preguntó.

El vendedor, exhibiendo una leve sonrisa en su curtida cara respondió:

—En absoluto. No hay ningún problema.

—¿Entonces por qué está usted cerrando el puesto de palomitas?

—Para irme a mi casa, sentarme en el pórtico, y beber té con mi esposa.

El hombre de negocios protestó

—Pero todavía es temprano y puede seguir vendiendo.

—No es necesario —respondió el propietario del puesto— Ya he ganado suficiente dinero por hoy.

—¿Suficiente? ¡Es absurdo! Usted debería seguir trabajando.

El hombre, viejo pero activo, se detuvo y miró fijamente a su elegante interlocutor  y le respondió

— ¿Y por qué debo seguir trabajando?

—Para vender más palomitas.

—¿Y por qué tengo que vender más palomitas?

—Porque cuantas más palomitas venda, más dinero ganará. Y cuanto más dinero gane, más rico será. Cuanto más rico sea, más puestos de palomitas podrá comprar. Cuantos más puestos de palomitas pueda comprar, más vendedores podrán vender su producto, y más rico se hará. Y cuando tenga usted suficiente, podrá dejar de trabajar, vender sus puestos de palomitas, quedarse en casa y sentarse en el pórtico con su esposa a beber té.

El vendedor de palomitas sonrió:

—Eso lo puedo hacer hoy. Creo que tengo suficiente.

*¿Cuándo es suficiente lo suficiente?*

# NO TE ARRIESGUES
## *a perder tu propósito*

*¡Tengan cuidado!
—advirtió a la gente—.
Absténganse de toda
avaricia.*

LUCAS 12:15

SOY LO SUFICIENTEMENTE RICO constituye una frase en peligro de extinción. Nos encanta pedir una porción más grande de patatas fritas, una pantalla de televisión más amplia, y armarios más espaciosos; y me pregunto qué diría mi padre acerca de mi afición por los cafés con leche de $3,45 dólares.

Quién puede negar lo que Linda Kulman escribió:

> Somos una nación que cree que debe tenerlo todo. En 1950, las familias estadounidenses tenían un automóvil y ahorraban para comprarse otro. En el 2000, casi una de cada cinco familias posee tres automóviles o más. Los norteamericanos gastan más en bolsas de basura de lo que gastan para cubrir todas las demás necesidades noventa de los doscientos diez países del mundo. En realidad, en los Estados Unidos el número de centros comerciales duplica el de escuelas secundarias.[25]

En 1990, el ciudadano promedio que vivía en los Estados Unidos quería setenta y dos cosas diferentes y consideraba dieciocho de ellas esenciales. Hoy en día, el ciudadano promedio quiere quinientas cosas y considera cien de ellas esenciales.[26]

Nuestra obsesión por las cosas materiales tiene un alto precio. La familia promedio estadounidense dedica una cuarta parte de sus ingresos adquisitivos a deudas pendientes.[27] Dedicamos un ciento diez por ciento de nuestros ingresos disponibles a intentar gestionar nuestra deuda.[28] ¿Y quién puede seguir así?

# Ya no nos comparamos con los vecinos del barrio

*La avaricia tiene un estómago ávido*

sino con las estrellas de televisión o de la portada de las revistas. Los diamantes de Hollywood hacen que los de uno se parezcan a los que vienen en las máquinas de golosinas. ¿Quién puede satisfacer a la industria de la publicidad? Nadie es capaz.

La avaricia viene en muchas formas. Ambición de aprobación. Codicia de aplausos. Avaricia de estatus. Ambición por la mejor oficina, el automóvil más rápido, la novia más bella. La avaricia tiene muchas facetas, pero solo habla un idioma: el idioma del «más». Epicuro dijo: «Nada es suficiente para el hombre que considera que suficiente es muy poco». ¿Y cuál fue la observación de John D. Rockefeller? A él le preguntaron: «¿Cuánto dinero se necesita para satisfacer a un hombre?» Él respondió: «Solo un poco más».[29] Sabio fue el que escribió: «Quien ama el dinero, de dinero no se sacia. Quien ama las riquezas nunca tiene suficiente» (Eclesiastés 5:10).

La avaricia tiene un estómago ávido. Si lo alimentas corres un riesgo mayor que meterte en deudas de las que revientan los presupuestos. Te arriesgas a perder tu propósito. La avaricia puede seducir al más plantado.

Ya has visto como ocurre. El vendedor ambulante de palomitas de maíz de la lectura anterior tiene un puesto y un empleo, y maneja ambos hábilmente. Pero aunque sus ventas diarias cubren sus necesidades, podrían no satisfacer sus gustos. Para ganar dinero, él podría comprar más puestos; para supervisar los puestos, él podría abandonar el propio.

El vendedor ambulante ya no vende sino administra. Eso no tiene nada de malo, si es que él sabe administrar. Pero supongamos que lo suyo sean las ventas. Imaginemos que sustituye la calle y su mar de gente por cuatro paredes y un escritorio. ¿Renunciaría a más de lo que ganaría?

# ¿ES EL ASCENSO
## *un ascenso?*

*He aprendido a vivir en todas y cada una de las circunstancias, tanto a quedar saciado como a pasar hambre, a tener de sobra como a sufrir escasez.*

FILIPENSES 4:12

LA RESPUESTA DE DIOS se encuentra en la primera parábola de las Escrituras. Mucho antes de que los lectores de la Biblia reflexionasen sobre las historias del hijo pródigo y del buen samaritano, ellos meditaban sobre las parábolas de los árboles.

Jotán relataba la historia. Era hijo de Gedeón y único superviviente de una masacre que acabó con setenta hombres. Abimélec había autorizado la matanza. Su intención era terminar con cualquier persona que le impidiese acceder al trono. Jotán salió de su escondite el tiempo suficiente para dirigirse a los ciudadanos de Israel y relatarles esta historia:

«Un día los árboles salieron a ungir un rey para sí mismos. Y le dijeron al olivo:

"Reina sobre nosotros". Pero el olivo les respondió: "¿He de renunciar a dar mi aceite, con el cual se honra a los dioses y a los hombres, para ir a mecerme sobre los árboles?"

»Después los árboles le dijeron a la higuera: "Reina sobre nosotros". Pero la higuera les respondió: "¿He de renunciar a mi fruto, tan bueno y dulce, para ir a mecerme sobre los árboles?"

Luego los árboles le dijeron a la vid: "Reina sobre nosotros". Pero la vid les respondió: "¿He de renunciar a mi vino, que alegra a los dioses y a los hombres, para ir a mecerme sobre los árboles?"».

# Por último, todos los árboles le dijeron al espino:

*Por la ambición de ser grande, uno puede perder lo que tiene de bueno.*

«Reina sobre nosotros. Pero el espino respondió a los árboles: "Si de veras quieren ungirme como su rey, vengan y refúgiense bajo mi sombra; pero si no, ¡que salga fuego del espino, y que consuma los cedros del Líbano!"» (Jueces 9:8-15).

A través de la parábola, Jotán advirtió a los israelitas sobre lo espinoso de Abimélec. A través de este relato, Dios nos advierte acerca de los ascensos que surgen a partir de la avaricia.

Los árboles tientan al olivo, a la higuera, y a la vid con una invitación a la sala del trono: «¡Reina sobre nosotros!». Uno tras otro rechaza la oferta. El olivo quiere seguir dando aceite. La higuera desea continuar produciendo higos, y la vid quiere seguir dando uvas. Todos se niegan a pagar el precio de ser promovidos.

Esas plantas están orgullosas de su misión. ¿Por qué abandonar la fertilidad? Al final, solo el espino acepta la oferta. Ten cuidado, la historia instruye. En su ambición por ser grande, uno puede perder lo que tiene de bueno.

No todo profesor está capacitado para ser director.

No todo carpintero tiene destreza como para dirigir a una cuadrilla.

No todo músico es capaz de dirigir una orquesta.

Puede ser que los ascensos promuevan a una persona fuera de su punto óptimo. Por anhelar más podemos perder nuestro propósito.

Si los árboles te ofrecen realeza, tú no tienes por qué aceptarla.

# POR LA AMBICIÓN

DE SER
GRANDE
*uno puede*
*perder lo que*
*tiene de bueno*

# CONCÉNTRATE
## *en tu historia*

*Al de carácter firme lo
guardarás en perfecta paz,
porque en ti confía.*

ISAÍAS 26:3

EL HECHO de que un rey te dé una armadura no significa que tengas que ponértela. David no se la puso. Cuando se ofreció como voluntario para enfrentar cara a cara a Goliat, el rey Saúl intentó vestir al niño pastor con la armadura de un soldado. Al fin y al cabo, Goliat medía casi tres metros, llevaba un casco de bronce, y una coraza que pesaba cincuenta y cinco kilos. Sus piernas estaban protegidas por polainas y la jabalina que llevaba al hombro tenía un asta de hierro que pesaba casi siete kilos (1 Samuel 17:4-7). ¿Y David? David tenía una honda. Esto es como si un Volkswagen escarabajo se enfrentara con un camión de dieciocho ruedas, o como si un salmón desafiara a un oso pardo a pelear. Cuando Saúl vio a David, lleno de granitos, y a Goliat, lleno de músculos, hizo lo que cualquier rey de la Edad del Hierro hubiese hecho. «Luego Saúl vistió a David con su uniforme de campaña. Le entregó también un casco de bronce y le puso una coraza» (1 Samuel 17:38).

Pero David se rehusó a usarla. Fíjate lo sabio que fue este joven. «David se ciñó la espada sobre la armadura e intentó caminar, pero no pudo porque no estaba acostumbrado. "No puedo andar con todo esto", le dijo a Saúl; "no estoy entrenado para ello". De modo que se quitó todo aquello» (v. 39).

# David rechazó la armadura,

eligió sus piedras, le hizo una lobotomía al gigante, y nos enseñó una gran lección: Lo que le queda bien a otros puede que no nos quede bien a nosotros. En realidad, lo que le queda bien al rey puede que no sea de tu talla. El que alguien te entregue una armadura, no significa que tengas que ponértela. Solo porque alguien te dé un consejo, un puesto de trabajo, o un ascenso, no quiere decir que tengas que aceptarlo. Deja que tu singularidad defina la trayectoria de tu vida.

Examina tus dones; conoce tus virtudes. «Nadie tenga un concepto de sí más alto que el que debe tener» (Romanos 12:3). Cuando alguien intenta sacarte de tu punto óptimo, responde con esta refutación: «Esta es mi historia y voy a concentrarme en ella».

No le hagas caso a la avaricia.

La avaricia es una mala consejera. Ella le dice a las higueras que no den higos, a los olivos que no den aceite, a las vides que no den uvas. No la consultes. «Manténganse libres del amor al dinero, y conténtense con lo que tienen» (Hebreos 13:5). ¿No es mejor tener un trabajo adecuado con una paga un poco menor que el empleo incorrecto con una remuneración más alta? «Más vale tener poco, con temor del Señor, que muchas riquezas con grandes angustias» (Proverbios 15:16). Como dice un proverbio japonés: «Aún cuando duermas en una alcoba de mil esteras, solo puedes dormir en una estera».[30]

*La avaricia es mala consejera.*

# COSULTA A TU
## *Diseñador*

*Es cierto que con la verdadera religión se obtienen grandes ganancias.*

1 TIMOTEO 6:6

NO PERMITAS QUE LAS ANSIAS por lo material o el anhelo de aplausos te aparten del camino que Dios ha diseñado para ti.

En su libro Money: A User's Manual [Dinero: Un manual del usuario], Bob Russell describe a un agricultor que llegó a sentirse descontento con su hacienda. Se quejaba del lago que tenía en su propiedad, que necesitaba abastecimiento y cuidados permanentes. Las lomadas hacían que los caminos estuvieran llenos de curvas, forzándolo a conducir en subidas y bajadas. Y esas vacas gordas se movían pesadamente por sus pasturas. Además tenía que ocuparse de los alambrados y el alimento, ¡qué dolor de cabeza!

Decidió vender la propiedad y mudarse a algún lugar bonito. El agricultor llamó a un agente inmobiliario e hizo planes para anunciar la venta de la hacienda. Unos días después el agente le telefoneó para pedirle permiso para colocar un anuncio en el periódico local. Le leyó el contenido que describía una hacienda en una ubicación ideal: silenciosa y tranquila, acotada por pendientes suaves, alfombrada de prados delicados, nutrida de una lago de agua fresca, y bendecida con ganado de raza. El agricultor respondió: «Léame ese anuncio otra vez».

Tras oírlo por segunda vez, le dijo: «He cambiado de opinión. No voy a vender la hacienda. He estado buscando un lugar como ese toda mi vida».[31]

# Pablo hubiese aplaudido a ese agricultor

Él había aprendido la misma lección: «Pues he aprendido a estar satisfecho en cualquier situación en que me encuentre» (Filipenses 4:11).

Antes de cambiar de puesto de trabajo examina la perspectiva que tienes de la vida.

El éxito no se define por la posición o la escala salarial, sino por rendir al máximo en aquello que mejor haces.

Padres, den ese consejo a sus hijos. Díganles que hagan lo que les gusta hacer tan bien que alguien desee pagarles por ello.

Esposas y esposos, insten a sus cónyuges a elegir la satisfacción en lugar del salario. Es mejor estar casado con una persona feliz con una modesta billetera que con una persona miserable con billetera abultada. Además, «hay quien pretende ser rico, y no tiene nada; hay quien parece ser pobre, y todo lo tiene» (Proverbios 13:7).

Busca la virtud del contentamiento. Cuando elijas o cambies de trabajo, ten cuidado. Corrobora tu proyecto. Consulta a tu Diseñador. Pero nunca le consultes a tu codicia.

*El éxito no se define por la posición*
*o la escala salarial,*
*sino por rendir al máximo en*
*aquello que mejor haces.*

# ASUME GRANDES RIESGOS
## *para Dios*

*A uno le dio cinco mil monedas de oro, a otro dos mil y a otro sólo mil, a cada uno según su capacidad. Luego se fue de viaje.*

MATEO 25:15

ANTES DE QUE EL «TALENTO» significase habilidad, significaba dinero. Representaba la mayor unidad de contabilidad en la divisa griega, 10.000 denarios.[32] Según la parábola de los obreros, un denario correspondía a la paga justa de un día de trabajo (Mateo 20:2). Multiplica lo que ganas a diario por 10.000 y descubrirás el valor de un talento. Si tú ganas $30.000 anuales y trabajas 260 días al año, estás ganando $115 al día. En ese caso un talento es el resultado de multiplicar 10.000 por 115, lo que nos da 1.150.000.

Pon esto en perspectiva. Supón que una persona gana $30.000 al año por cuarenta años. Sus ingresos vitalicios ascienden a $1.200.000, solo $50.000 más que un talento. Un talento, entonces, equivale a los ingresos de toda una vida. Esto supone un montón de dinero y un punto clave en esta parábola. El diseño y singularidad que Dios te ha dado tienen alto valor comercial en el cielo. Dios no te confió un talento de $2 o una destreza de $5.

Considérate a ti mismo como una inversión de un millón de dólares; en muchos casos, una iniciativa multimillonaria.

Dios no otorga dones de forma tacaña sino de forma abundante.

No al azar, sino con esmero: «a cada uno según su capacidad» (v.15).[33]

Recuerda, nadie más tiene tus talentos. Nadie. Dios te rescata de lo ordinario y corriente otorgándote habilidades únicas para desempeñar tareas hechas a medida.

# En la parábola los primeros dos

*El único error es no arriesgarse a cometer uno.*

siervos supieron recompensar la confianza que les había tenido su amo. «El que había recibido las cinco mil fue en seguida y negoció con ellas y ganó otras cinco mil. Así mismo, el que recibió dos mil ganó otras dos mil» (vv. 16-17).

El siervo de los cinco talentos puso manos a la obra. «Fue y negoció» con el dinero. Compró revistas de inversión y vio el canal comercial. Se enteró de una franquicia que estaba buscando inversores. Consideró sus opciones, hizo sus cuentas, apretó sus dientes, y dio el paso decisivo. Invirtió su dinero.

El segundo siervo mostró similar afán. Puede que él solo tuviese dos talentos, pero, sin lugar a dudas, les dio buen uso. Al igual que el primer siervo, él negoció, vendió, e invirtió.

Ambos asumieron riesgos. Ambos se atrevieron a fracasar. ¿Quién podía asegurarles que sus inversiones no acabarían siendo céntimos en la bolsa? Nadie. Pero aun así asumieron el desafío.

Y su señor los colmó de elogios. Cuando regresó de su viaje, él aplaudió al hombre de cinco talentos y al de dos talentos igualmente: «Hiciste bien, siervo bueno y fiel» (v. 21, 23). Él no alteró la frase para uno o para el otro, ni omitió ningún honor. El siervo que ha recibido dos talentos y de manera fiel sirve bebidas a la gente de la calle recibe el mismo aplauso que el evangelista que ha obtenido cinco talentos y llena los estadios de gente. El fruto es diferente, pero el elogio, el mismo.

¿Cuál es la cuestión? ¡Utiliza tu singularidad para asumir grandes riesgos para Dios!

Si eres bueno con los niños, ofrécete como voluntario en un orfanato. Si tienes capacidad para los negocios, emprende un proyecto de comedor social. Si Dios te ha orientado hacia la medicina, dedica un día o una década a los pacientes con SIDA.

# CONFÍA EN LAS
## *acciones pequeñas*

*Cuando vean la plomada en las manos de Zorobabel, se alegrarán los que menospreciaron los días de los modestos comienzos.*

ZACARÍAS 4:10

¿SIENTES QUE la chispa divina dentro de tu ser está empezando a arder? ¿Debes apagarla o avivarla? ¿Te atreverás a soñar que puedes marcar una diferencia en este mundo?

La respuesta de Dios será: «Haz algo y ve qué sucede».

Eso es lo que les dijo a los ciudadanos de Jerusalén. Durante dieciséis años el templo de Dios había estado en ruinas. Ellos habían abandonado el trabajo. ¿El motivo? La oposición de sus enemigos y la indiferencia de sus vecinos. Pero sobre todo, la tarea hizo que se sintieran demasiado pequeños. Para construir el primer templo, Salomón había utilizado setenta mil cargadores, ochenta mil picapedreros, tres mil trescientos capataces, y había demorado siete años. ¡Constituyó una tarea monumental! Los obreros deberían haber pensado: ¿Qué diferencia marcará mi trabajo? La respuesta de Dios fue: «Cuando vean la plomada en las manos de Zorobabel, se alegrarán los que menospreciaron los días de los modestos comienzos» (Zacarías 4:10).

Comienza. ¡Simplemente comienza! Lo que a ti te parece insignificante pude que sea algo importantísimo para otro. Y sino pregúntale a Bohn Fawkes. Durante la Segunda Guerra Mundial él pilotó un B-17. En una de sus misiones fue alcanzado por el fuego antiaéreo de los cañones nazis. A pesar de que su depósito de combustible constituía el blanco, el avión no explotó, y Fawkes pudo aterrizar el avión.

# A la mañana siguiente

Fawkes le pidió al jefe de su equipo que le diese el proyectil alemán. Quiso quedarse con un recuerdo de su increíble buena fortuna. El jefe de equipo le explicó que no había encontrado uno sino once proyectiles en los depósitos de gasolina, y que ninguno de ellos había explotado.

Los técnicos abrieron los misiles y encontraron que estaban vacíos de carga explosiva. Todos estaban limpios y eran inofensivos y, a excepción de uno, todos estaban vacíos. La excepción contenía un papel meticulosamente enrollado. El papel llevaba un mensaje garabateado en idioma checo. La nota traducida decía: «Esto es todo lo que podemos hacer por ti ahora».[34]

Un valiente obrero de una línea de montaje estaba desarmando bombas y había escrito la nota. Él no podía hacer que la guerra finalizara, pero sí podía salvar un avión. No era capaz de hacerlo todo, pero podía hacer algo. Y eso fue lo que hizo.

Dios hace grandes cosas a través de pequeños actos.

*Haz algo y observa qué sucede.*

# CAMBIA EL
## *Mundo*

*El reino de los cielos es como un grano de mostaza que un hombre sembró en su campo. Aunque es la más pequeña de todas las semillas, cuando crece es la más grande de las hortalizas y se convierte en árbol, de modo que vienen las aves y anidan en sus ramas.*

MATEO 13:31-32

CONTRA UN GIGANTE IMPONENTE, una piedra del arroyo parece algo inútil. Pero Dios la utilizó para derribar Goliat. Comparadas con los diezmos de los ricos, las monedas de la viuda parecían insignificantes. Sin embargo Jesús las usó para inspirarnos. En contraste con los sofisticados sacerdotes y poderosos gobernantes romanos, un carpintero pendiendo de una cruz no parecía otra cosa que una vida perdida. Pocos líderes judíos lamentaron su muerte. Tan solo un grupo de amigos le dio sepultura. La gente dirigió su atención al templo. ¿Por qué no?

¿Qué poder podría tener un rabino muerto y enterrado? Nosotros sabemos la respuesta. El poder de la semilla de mostaza y de la levadura escondida en la masa. Poder para arrancar lienzos mortecinos y quitar rocas sepulcrales. Poder para cambiar la historia. En las manos de Dios, las semillas pequeñas crecen para convertirse en árboles en los que resguardarse. Una diminuta porción de levadura se expande para convertirse en nutritivos panes.

Los actos insignificantes pueden cambiar el mundo. Siembra una semilla de mostaza. Esconde levadura en una masa. Toma aquella decisión. Escribe ese cheque. Organiza el comité que deseabas.

# El comandante Wiggles vio a una niña llorando al otro lado

de un tramo de alambre de púas en Bagdad. «Era obvio que ella era muy pobre; llevaba un vestido andrajoso, y sandalias de plástico totalmente desgastadas. Su pelo enmarañado atestiguaba que no había tomado un baño en mucho tiempo y su piel estaba llena de ampollas a causa de la suciedad y el clima». El militar, acordándose de que tenía algunos juguetes en la oficina, se apresuró y le trajo a la niña un cepillo de dientes, un silbato, y un mono de peluche. Cuando le dio los presentes, «sus ojos brillaron de gozo». Él subió un relato de esta experiencia en su Weblog, y miles de personas reaccionaron preguntando a dónde podían enviar regalos. Había nacido Operación Dar. Y el comandante recibió el apodo de Halvorsen: «Jefe Wiggles».[35]

Moisés tenía un cayado.
David tenía una honda.
Sansón tenía una quijada.
Rahab tenía un cordón.
María tenía un perfume.
Aarón tenía una vara.
Dorcas tenía una aguja.
Dios los utilizó a todos.
¿Qué tienes tú?

Dios habita la semilla diminuta y potencia el acto insignificante. Él nos cura de la vida común dándonos una vida fuera de lo común, ofreciéndonos dones extraordinarios. «Haz todo el bien que puedas, por todos los medios que puedas, de todas las maneras que puedas, en todos los lugares que puedas, todas las veces que puedas, a toda la gente que puedas, durante todo el tiempo que puedas».[36] No menosprecies la pequeñez de tus actos.

# NOTAS

[1] Frederick Dale Bruner, Matthew: A Commentary vol. 2, The Churchbook: Matthew 13-28, Dallas: Word, 1990, 902.

[2] Martin Buber, The Way of Man, According to the Teaching of Hasidism, Londres: Clásicos de Roudedge, 1994, vi. El teólogo judío Martin Buoer escribe: «El mundo es una irradiación de Dios, pero ya que está dotado de una independencia, de existencia y autonomía, es apto, siempre y en todo lugar, para formar una corteza a su alrededor. De este modo, hay una chispa divina en cada cosa y ser viviente, pero cada chispa está encerrada en un cascarón aislante. Solo el hombre puede liberarla y volver a unirla al Origen, manteniendo una santa asociación con ella y utilizándola en una forma santa, esto es, a fin de que su intención se dirija hacia la trascendencia de Dios. De esta forma la inmanencia divina emerge del exilio de los «cascarones»» (énfasis añadido).

[3] «Red, White & Blue Students to Present Check to NYC Police, Firemen Nov. 9», Texas, A&M University, http://www.tamu.edu/univrel/aggiedaily/news/stories/01/110201-10.

[4] Departamento de Estadísticas Laborales de los Estados Unidos, 1998.

[5] National Institute for Occupational Safety and Health, «Stress at Work,» http://www.cdc.gov/niosh/stresswk.html.

[6] Arthur E. Miller Jr. con William Hendricks, The Power of Uniqueness: How to Become Who Yon Really Are, Zondervan, Grand Rapids, 1999, p. 21.

[7] Ellen Galinsky, Stacy S. Kim, y James T. Bond, Feeling Overworked: When Work Becomes Too Much, Families and Work Institute, Nueva York, 2001, p. 11.

[8] Nicholas Lore, The Pathfinder: How to Choose or Change Your Career for a Lifetime of Satisfaction and Success, Simon & Schuster, Nueva York, 1998, p. 11.

[9] Instituto Nacional para la Seguridad y Salud Ocupacional, «Stress at Work».

[10] Søren Kierkegaard, Purity of Heart Is to Will One Thing: Spiritual Preparation for the Office of Con, p. 140, citado en Miller y Hendricks, ThePower of Uniqueness, 251-

[11] Miller with Hendricks, The Power of Uniqueness, p.30.

[12] Charles R. Swindoll, The Tale of the Tardy Oxcart and 1,501 Other Stories, Word, Nashville, 1998, pp. 321-322.

[13] Miller y Hendricks, The Power of Uniqueness, p. 46.

[14] William Martin, A Prophet with Honor: The Billy Graham Story, William Morrow and Co., Nueva York, 1991, p. 71.

[15] Ibídem., p. 57.

[16] No es su nombre real.

[17] Santo Tomás de Aquino, Summa Theologia, citado en el libro de Miller con Hendricks, The Power of Uniqueness, p. 250.

[18] Cualquier herramienta de medición tiene sus limita-ciones. Lo que pretende es poner la personalidad en una grilla, casillero o grupo. Si cada persona funciona de una forma única, un test requerirá una categoría por cada ser humano. Nadie puede proporcionar este sistema.

[19] La lista de dones del Nuevo Testamento, en mi opinión, debe ser considerada como una muestra. Si fuese definitiva, deberíamos decir que ninguna iglesia primitiva reflejó la lista completa. Roma mostró parte de ella, Corinto otra, y la audiencia de Pedro otra más. Una mejor opción es considerar las listas como ejemplos de dones espirituales. Por tanto, se ha de tener cuidado a la hora de hacer inventarios de dones espirituales. Los inventarios pueden sugerir una mezcla de dones, pero no pueden definirla.

[20] Éste es el tema musical: «Come join the RA-AACE to find your PLA-AACE. Your bag has CLU-UES, Packed just for YOU-OUS . . . guys». Está bien, los temas musicales no son mi punto óptimo.

[21] Robert Plomin, J. C. DeFries, y G. E. McClearn, Behavioral Genetics: A Primer, W. H. Freeman, Nueva York, 1990, p. 314, citado en James Hillman, The Soul's Code: In Search of Character and Calling, Random House, Nueva York, 1996, p. 137.

[22] Monica Furlong, Merton: A Biography, HarperCollins, San Francisco, 1980, p. 225.

[23] Miller y Hendricks, The Power of Uniqueness, p. 55.

[24] Mi agadecimiento a Rick Burgess y Bill «Bubba» Bussey del programa de TV Rick and Bubba Show de Birmingham, Alabama, por autorizarme a utilizar esta historia.

[25] Linda Kulman, «Our Consuming Interest»,U.S. News 6- World Report, 28 de junio-5 de julio 5, 2004, p. 59.

[26] Bob Russell y Rusty Russell, Money: A User's Manual, Multnomah, Sisters,OR, 1997, p 82.

[27] Larry Burkett, Using Your Money Wisely: Guide¬lines from Scripture, Moody Press, Chicago, 1986, p. 76.

[28] Kulman, «Our Consuming Interest», p. 59.

[29] Russell y Russell, Money, pp. 50-51.

[30] Paul Lee Tan, Encyclopedia of 7,700 Illustrations: Signs of the Times, Assurance Pub-lishers, Rocfcville, MD, 1979, pp. 273, #839.

[31] Russell y Russell, Money, p. 69.

[32] Bruner, Matthew: A Commentary, vol. 2, The Churchbook: Matthew 13-28, p. 902.

[33] Ibídem.

[34] Elmer Bendiner, The Fall of Fortresses: A Personal Account of the Most Daring—and Deadly— American Air Battles of World War II, G. P. Putnam's Sons, Nueva York, 1980, pp. 138-39.

[35] «Chief Wiggles (2003, Operation Give)», Operation Give, www.operationgive.org.

[36] John Wesley, http://www.myquotations.net/?QuoteID-58602